Vente du 15 au 19 Mai 1899.

COLLECTION

H. HOFFMANN

ANTIQUITÉS

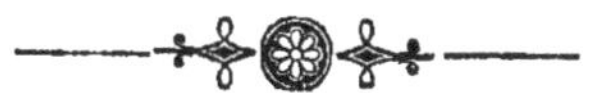

Catalogue sommaire,

servant de Carte d'entrée à l'Exposition particulière.

COLLECTION H. HOFFMANN

ANTIQUITÉS

CONDITIONS DE LA VENTE

La vente se fera au comptant.

Les acquéreurs payeront *cinq pour cent* en plus du prix d'adjudication.

Les lots pourront être réunis ou divisés au gré des Experts.

COLLECTION H. HOFFMANN

ANTIQUITÉS

OBJETS ÉGYPTIENS, VASES PEINTS, TERRES CUITES, VERRERIE, BRONZES, BIJOUX, SCULPTURES EN MARBRE

VENTE AUX ENCHÈRES PUBLIQUES

à l'Hôtel Drouot, Salle N° 7

le Lundi 15 mai et les quatre jours suivants, à 2 heures précises.

M. MAURICE DELESTRE
COMMISSAIRE-PRISEUR
5, rue Saint-Georges

MM. ROLLIN et FEUARDENT
EXPERTS
4, rue de Louvois
et 6, Bloomsbury Street, à Londres

EXPOSITIONS

PARTICULIÈRE
le Samedi 13 Mai
de 2 à 5 heures.

PUBLIQUE
le Dimanche 14 Mai
de 2 à 6 heures.

PARIS
1899

L'an dernier, dans la préface du Catalogue de ses médailles, j'ai parlé de M. Hoffmann numismate; c'est de l'antiquaire que je voudrais dire quelques mots, aujourd'hui que les objets antiques recueillis par lui seront mis aux enchères.

Ses débuts dans ce commerce difficile remontent à 1865, à la vente Pourtalès, où il acheta la belle Livie de bronze qui est maintenant chez M. Dutuit, la tête d'éléphant de la collection de Mme Darthès, et l'adolescent grec, un ouvrage du temps de Polyclète, qu'on peut voir au Louvre. De la médaille, où la beauté n'apparaît qu'en miniature, il se sentit porté vers les choses plus largement artistiques, et choisit avec son seul instinct ce que d'ordinaire on ne choisit qu'après un long apprentissage. Bientôt, les bronzes de M. Dupré vinrent s'ajouter à ces premières acquisitions, et presque tous les morceaux importants de la collection Gréau furent, pendant des années, la propriété de M. Hoffmann.

Pour devenir antiquaire, il n'est pas de meilleure école que la numismatique. On peut dire qu'il n'y en a pas d'autre. L'archéologue, sans la pratique des médailles, ne sera jamais un maître dans l'art de distinguer le vrai du faux. C'est par les monnaies antiques qu'il faut commencer ; elles seules donnent ce qu'on appelle le coup d'œil, et si, dans cet art si compliqué, on a pu saisir quelques indices positifs et des règles absolues, c'est bien à la numismatique qu'on le doit. Les fouilles de Chypre, faites par M. de Cesnola et ses successeurs, ont initié M. Hoffmann à la pratique des monuments. Poteries, terres cuites, bijoux et verres lui furent envoyés par milliers, en même temps que la Grèce vidait sa corne d'abondance et que d'innombrables figurines de Tanagra, de toutes les époques de l'art grec, prenaient le chemin de Paris. L'étude de ces masses d'objets, leur maniement journalier, leur estimation, car il s'agissait souvent d'une centaine de mille francs à mettre en jeu, tout cela eut pour résultat de lui donner une expérience et une sûreté de jugement qu'on n'acquiert ni dans les Musées ni par les livres.

En 1884, M. Hoffmann fut appelé à Rome pour prêter son concours à la vente Castellani. Il avait fait beaucoup de ventes d'antiquités à l'hôtel Drouot, celles de Cesnola, Badeigts de Laborde, Albert Barre, Lecuyer, Julien Gréau. Après la mort de son fils, il mit sa propre collection aux enchères (1886-88), non sans retenir quelques pièces dont il ne pouvait se séparer. Vers la fin de sa carrière, son goût alla de préférence à l'art égyptien. On se rappelle le catalogue qu'il fit paraître en 1894, avec la reproduction, dans le texte, des légendes hiéroglyphiques. Dans ses catalogues, il aimait à multiplier les images : phototypies, impressions en couleurs, vignettes gravées, aucune dépense ne l'arrêtait pour offrir, aux savants et aux amateurs, des matériaux utiles. J'ai là une dizaine de gros volumes, publiés par lui, et illustrés avec cette intelligente prodigalité ; à chaque instant, on est forcé d'y recourir.

Le lecteur n'aura pas de peine à reconnaître, dans celui-ci, les pièces principales. Dans la série égyptienne, je vois d'abord ces grandes terres émaillées (n°s 10-12), qui manquent aux musées les mieux dotés ; puis les verres du temps des Pharaons (n°s 13-18), la plaque ajourée figurant un roi (n° 44), les statuettes en argent (n°s 48-50), le bois sculpté (n° 51) incrusté de pierres, le crocodile en granit (n° 65) avec son inscription historique. Dans la poterie grecque, on remarquera les deux lécythes blancs, contemporains de Phidias (nos 82-83), le vase représentant Hercule au jardin des Hespérides (n° 85) et le grand rhyton (n° 99) qui rappelle celui du musée de Dresde. D'Arezzo, il y a une coupe complète (n° 110), la plus insigne des raretés.

Le catalogue des terres cuites est exceptionnellement riche. Après le groupe des Joueuses d'osselets de Capoue (n° 128), on trouvera, peu distantes l'une de l'autre, les plus belles œuvres de l'art grec. Elles commencent par le siècle de Pisistrate (n° 131), représentent toutes les phases de l'archaïsme (nos 132, 137, 138) jusqu'aux chefs-d'œuvre du grand style (nos 139, 214, 230) et donnent une idée complète de l'époque hellénistique avec ses jeux d'esprit et son inépuisable force d'invention. La Vénus appuyée sur une statuette de Némésis (n° 224) est une des perles de la collection. Puis, au moment où le génie des sculpteurs grecs semble s'éteindre, sous le règne d'Hadrien, voilà trois ouvrages de premier ordre (nos 227-229), qui viennent témoigner de sa vitalité et de sa puissance non encore affaiblie. Même parmi les terres cuites égypto-grecques, il y a une figurine (n° 314) qu'on n'échangerait pas contre la plus jolie femme de Tanagra.

La Verrerie antique était une des séries favorites de M. Hoffmann, qui avait formé successivement les collections du Comte Stroganoff, de M. Gréau et de la Princesse Czartoryska. On ne sera pas surpris de voir ici un nombre considérable de verres précieux par leur rareté, leur beauté ou leur intérêt scientifique. La figurine en pâte vitreuse, n° 492, est un morceau unique en son genre. Après elle, c'est le tour des bronzes. Je m'arrête devant la statuette archaïque de Sorrente (n° 537), l'Hercule enfant (n° 551), le pâtre grec de l'ancienne collection His de la Salle (n° 564). Mais la pièce capitale est le grand Bacchus jeune (n° 565), trouvé à Rome, dans les fouilles de *via Babuino*, où la noblesse romaine avait ses jardins et ses maisons de plaisance.

Faut-il continuer et relever, dans chaque groupe, ce qui est digne d'attention? ici un bijou d'or ou un camée, là une inscription antique ou une sculpture de marbre? Tout cela s'impose et parle aux yeux. Nous n'avons fait reproduire, sur les planches, qu'un choix limité d'objets; je ne doute pas que le texte ne réserve, lui aussi, d'agréables surprises.

M. Hoffmann est mort le 30 avril 1897. La place qu'il occupait est restée vide. Aurait-il laissé cette seule collection, formée avec le sentiment et la passion d'un vrai amateur, que son nom ne serait pas oublié.

Paris, 3 avril 1899.

FRŒHNER

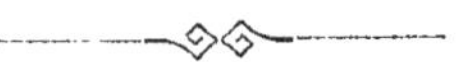

ANTIQUITÉS ÉGYPTIENNES

I

TERRE ÉMAILLÉE

1 — Deux rondelles en fritte blanche, ornées de fleurs. — Trouvées à Tell-el-Yahudî, dans les ruines du temple de Ramsès III.

2 — Quinze figurines funéraires de Deir-el-Baharî. Émail bleu sur bleu.

3 — Statuette funéraire ; superbe émail bleu turquoise.

4 — Trois scarabées en terre émaillée.

5 — Beau scarabée en terre émaillée de blanc.

6 — Canard peint en émail multicolore.

7 — Le dieu Shou, agenouillé et portant le globe sur sa tête. — Collection Paravey.

8 — Bras droit de femme ; applique émaillée de bleu.

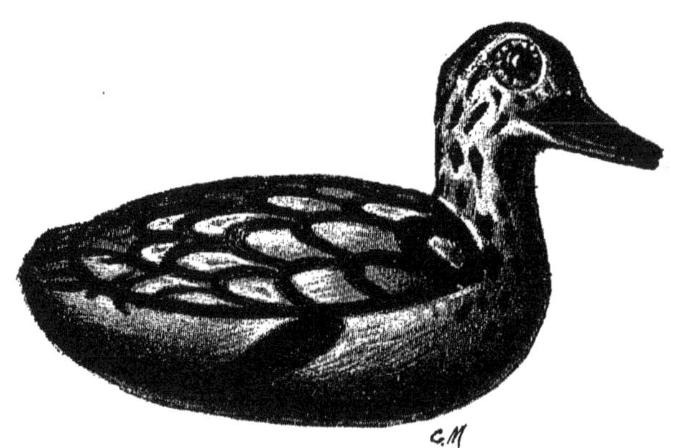

N° 6.

9 — Torse d'une grande figurine de roi égyptien, portant un poignard à la ceinture.

Les numéros suivants, six appliques de momie, de dimensions tout à fait exceptionnelles, ont été trouvés ensemble et ne seront pas vendus séparément.

10 — Grand scarabée éployé; émail bleu-vert, rehaussé de noir.

11 — Isis agenouillée à g., étendant ses ailes.

12 — Les quatre génies funéraires, dont deux (à tête d'épervier et à tête de chacal) tournés à droite, les autres (à tête de cynocéphale et à tête humaine) tournés à gauche. — Émail blanc, rehaussé de vert et de noir.

II

VERRERIE

13 — Balsamaire figurant une colonne à chapiteau lotiforme. Pâte bleue translucide, incrustée de blanc opaque et de jaune opaque.

14 — Même forme. Au-dessous du chapiteau, une collerette jaune et bleu turquoise ; sur le fût, une frise de chevrons jaunes et blancs. — Conservation parfaite ; le vase est encore muni de son style en verre bleu.

15 — Flacon en verre jaune incrusté de guirlandes en pâte rouge.

16 — Flacon en verre jaune d'ambre, couvert d'imbrications blanches et rouges.

17 — Superbe amphorisque en verre bleu de ciel, intarsié de chevrons jaunes et blanc opaque.

18 — Très belle gourde lenticulaire en verre bleu incrustée de chevrons et de guirlandes en fils blancs, jaunes et bleu turquoise.

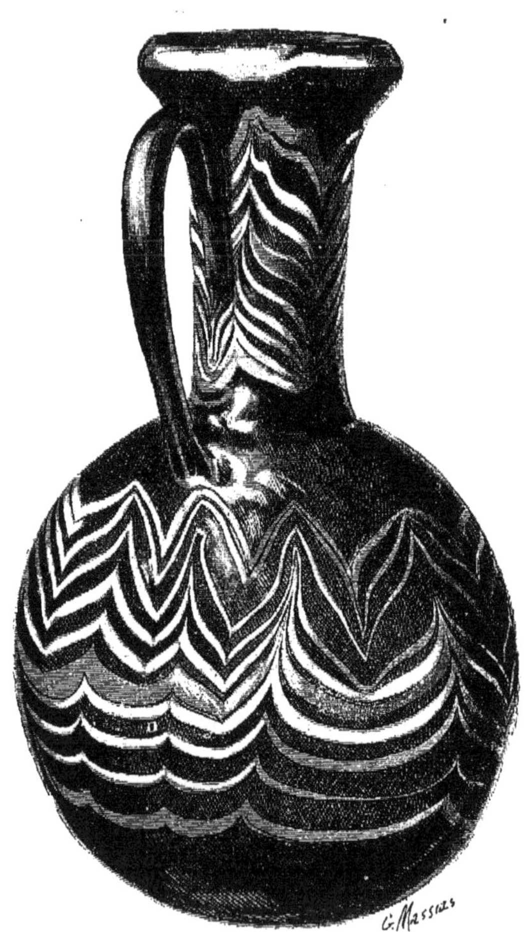

N° 18.

19 — Éléphant en marche; applique en pâte bleu lapis.

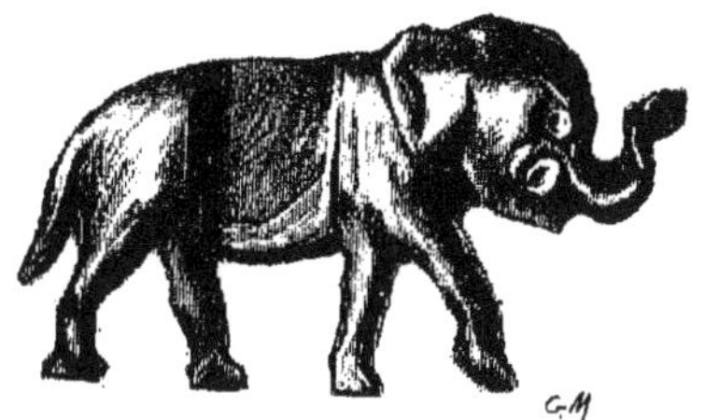

N° 19.

20 — Fragment de vase en pâte verte doublée de blanc; roi égyptien debout, casqué et coiffé

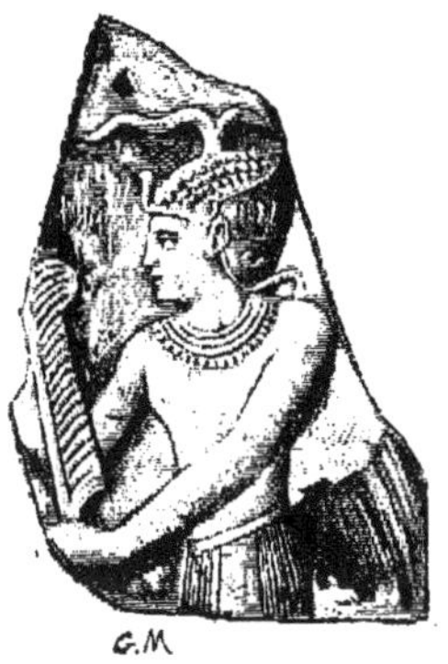

N° 20.

des deux cornes de vache, paré d'un collier et tenant la plume de justice. Ciselure d'une finesse admirable.

21 — Coiffure égyptienne (deux plumes droites) en verre bleu, incrusté de barbes de plume.

22 — Verroterie égyptienne : 13 balsamaires minuscules, aiguière, 3 barillets de collier, 1 anneau, 3 canards et une paire de colombes.

23 — Seize amulettes en pâte de verre.

24 — Vingt-deux amulettes en pâte de verre.

25 — Seize amulettes en pâte de verre : le signe *tat*, très grand, en couleurs polychromes, sur une base blanche bordée de jaune ; 4 oiseaux *akem*, le taureau Apis, deux chacals, etc.

III

BRONZES

26 — Partie antérieure d'une tête de bélier.

27 — Égide à tête d'Isis

28 — Canope couvert de bas-reliefs.

29 — Ra, à tête d'épervier, dans l'attitude de la marche.

30 — Thoth, le dieu à tête d'ibis, debout, tenant le vase *qebh* pour faire une libation.

31 — Horus jeune assis, le collier incrusté d'or, les yeux incrustés d'argent et d'émail.

32 — Belle figurine de la déesse Sekhet à tête de lion, le collier niellé d'or.

33 — Isis, coiffée de la dépouille d'un vautour et munie de deux longues ailes.

34 — Roi égyptien, les deux mains tendues en avant et tenant un petit cylindre creux.

35 — Dieu panthée à têtes de bélier et de chacal.

36 — Horus jeune debout, portant une figurine accroupie, l'image de Maït, coiffée de la plume de vérité. Traces de dorure.

37 — Le dieu Toumou ; très beau style.

38 — Un roi d'Égypte, agenouillé, faisant le geste de l'adoration. Style et modelé de la plus grande beauté.

39 — Figurine du dieu Nofir-Toumou.

40 — Sekhet debout, coiffée du disque à l'uræus ; sur la base, une légende hiéroglyphique.

41 — Amon marchant ; figurine dorée.

42 — La déesse Hathor ; beau style.

43 — Khnoum à tête de bélier; beau style.

44 — Grande plaque découpée et ajourée, représentant le roi Thoutmosis III. Il est coiffé d'un casque et porte une table à offrandes. Devant lui, le cartouche royal portant son nom, placé sous le signe de l'or.

IV

ORFÈVRERIE ET ARGENTERIE

45 — Base en bronze niellé d'or, ayant supporté trois statuettes divines adorées par un personnage à genoux.

46 — Bronze niellé d'or. — Amon momiforme.

47 — Petit épervier en argent doré.

48 — Figurine en argent plaqué d'or. — Amon-Ra, le dieu de Thèbes, coiffé de la couronne rouge avec les deux plumes droites et le disque solaire.

49 — Horus à tête d'épervier, coiffé du klaft et du pschent, et vêtu d'un pagne, qui, tous, étaient plaqués d'or. — Beau style.

50 — Roi égyptien agenouillé. — Coll. du comte M. Tyszkiewicz.

V

BOIS SCULPTÉ

51 — Grande statuette de la XVIIIe dynastie, en bois et en pierres précieuses.

52 — Poupée articulée en buis.

53 — Palette de peintre.

54 — Tablette gravée.

VI

TISSUS

55-56 — Deux broderies coptes.

VII

PLATRE

57 — Tête de jeune femme, de beau style.

VIII

SCULPTURES EN PIERRE

58 — Horus sur les crocodiles, dans un naos égyptien. Inscription de 34 lignes. — Basalte.

59 — Cynocéphale accroupi sur un édicule en forme de fer à cheval. Inscriptions hiéroglyphiques. — Basalte noir.

60 — Statuette (tête et torse) d'un homme portant la coiffure ronde. — Basalte noir.

61 — Le bœuf Apis allant vers un bassin que supporte une colonne à chapiteau lotiforme. — Bas-relief découpé en calcaire peint.

62 — Personnage anonyme, debout. – XIIe dynastie. — Granit noir.

63 — Statue naophore en granit grisâtre. Inscriptions hiéroglyphiques.

64 — Buste à mi-corps d'un personnage de l'époque saïte. Légende hiéroglyphique. — Basalte vert.

65 — Crocodile sur une base, trouvé à Arsinoé du Fayoûm. — Inscription grecque: *L'an* 23, *le* 12 *Pharmouthi, pour* le salut *du grand roi Ptolémée dieu, nouveau Bacchus, Apollonios,* fils *d'Apollonios, Talesos* (?), a consacré *le grand dieu Petesouchos, qui a paru sous ce règne, le* 18 *Payni de l'an* 21. Il s'agit de Ptolémée XIII, père de la belle Cléopâtre.

66 — Stèle funéraire égyptienne, représentant un personnage adorant Osiris, Isis et Nephthys et leur présentant une table d'offrandes. Inscriptions hiéroglyphiques.

67 — Moulage en plâtre de la statue d'Améniritis, reine de la XXVe dynastie.

ANTIQUITÉS
GRECQUES ET ROMAINES

I

POTERIE

68 — Amphore phénicienne, portant sur chaque face un masque hathorique. — Chypre.

69 — Amphore chypriote. Sur le devant, un tableau figurant une branche d'arbre; au revers, un roseau entre deux feuilles cordiformes.

70 — Amphore chypriote, décorée de fleurs de lotus.

71 — Aiguière ornée, de chaque côté, d'un bouclier rond, dont l'épisème est une couronne de feuilles. — Chypre.

72 — Autre; sur le devant, un coq. — Chypre.

73 — Grande aiguière grecque ayant sur l'épaule une guirlande de lierre en fleur et une bordure de lierre. — Chypre.

74 — Grande coupe hémisphérique en terre émaillée, couverte d'un émail blanc laiteux, sur lequel se détachent quatre griffons d'ancien style. — Rhodes.

75 — Grand balsamaire corinthien. Décor : quatre palmettes formant une croix.

76 — Autre : Sirène éployée.

77 — Grande amphore corinthienne, avec son couvercle.

78 — Coupe de style corinthien. A l'intérieur, une Gorgone éployée ; sur la face externe : *Achille* et *Troïlos* à la fontaine.

79 — Grand balsamaire en terre polie. — Attique.

80 — Aiguière grecque (*olpe*). Sur le devant, trois hoplites, dont l'un, un cavalier, conduit quatre chevaux au galop.

81 — Beau lécythe grec : femme debout offrant une coupe à un jeune guerrier.

82 — Grand lécythe à fond blanc. Un homme barbu, vêtu d'un manteau rouge, est assis sur

un rocher, le bras tendu vers une femme qui lui présente un casque. Entre ces deux figures, une colonne sépulcrale; derrière le rocher, un éphèbe debout, armé de deux lances. Dessin au trait bistré, de l'époque de Phidias. — Attique.

83 — Grand lécythe à fond blanc luisant, trouvé dans l'Attique. Femme assise devant une stèle et déployant une ténie jaune. Derrière elle, une femme debout, apportant une ténie noire et un plateau chargé de fruits. Du côté opposé, un éphèbe, appuyé sur deux lances. Deux petits Amours adolescents planent dans l'air. — Grand style de l'époque de Phidias.

84 — Hydrie dorée. Deux femmes, assises en regard sur des chaises, sacrifient sur un thymiaterion. Une femme debout et un jeune Satyre font le geste de la prière. — Attique.

85 — Cratère campaniforme : *Hercule au jardin des Hespérides.* — Tanagra.

86 — Canthare grec avec traces de dorure.

87 — Petite aiguière. — Attique.

88 — Petit cratère : éphèbe nu, assis à dr. dans une chapelle sépulcrale et tenant une pintade. — Fabrique italiote.

89 — Hydrie alexandrine. Couronne de laurier et inscription cursive; le vase renfermait les cendres de Phykion d'Étolie, mercenaire grec à la solde d'un Ptolémée.

90 — Creuset d'émailleur, trouvé en Phénicie.

II

VASES A DÉCOR PLASTIQUE

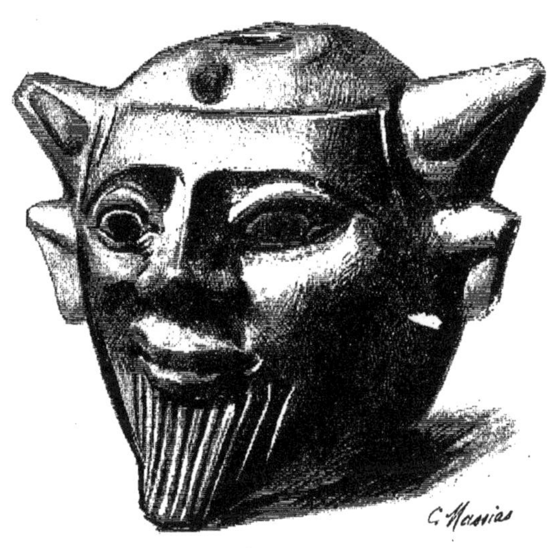

N° 91.

91 — Aryballe figurant une tête de Fleuve. Style égyptisant; émail blanc à touches brunes.

92 — Aiguière égyptienne, ornée d'un masque de Bes.

93 — Aiguière chypriote trouvée à Arsinoé. Sur le devant, une protome de taureau, dont la bouche, forée, sert de déversoir.

94 — Grande aiguière. Sur l'épaule : une figurine de femme, en ronde bosse. — Arsinoé de Chypre.

95 — Barque phénicienne.

96 — Balsamaire figurant une statuette de déesse (*Astarte*) de très ancien style. — Thèbes (Béotie).

97 — Vase en forme de bélier couché.

98 — Vase en forme de tête de négrillon.

99 — Grand rhyton soutenu par un groupe plastique qui représente un nègre dévoré par un crocodile. — Trouvé à Capoue. — Ancienne coll. du Comte Tyszkiewicz.

100 — Vase en forme de Silène accroupi, tenant une outre.

101 — Vase en forme de femme accroupie et jouant de la mandoline.

102 — Fragment d'un beau masque de femme diadémée et voilée.

103 — Modèle d'une moitié de vase à deux têtes accolées : masque d'Ariane parée de lierre et de grappes de raisin.

104-105 — Les deux coquilles d'un grand moule représentant le masque du *Pulcinella*.

106 — Bacchanale ; moule demi-circulaire, destiné à fabriquer une pyxis ou une base de figurine.

107 — Moule d'une anse de pattère : deux ceps de vigne plantés dans des vases.

108 — Hercule en Atlante, manche de patère.

109 — *Symplegma* érotique.

110 — Coupe d'Arezzo, complète et ornée d'un bas-relief du plus beau style grec. Fabrique de *Marcus Perennius Tigranes*.

111 — Onze fragments de poteries d'Arezzo

112 — Petit canthare romain, enduit d'une glaçure vitreuse blanche à irisation argentine

113 — Petit vase en forme de nacelle ; émail jaune.

114 — Coupe gallo-romaine, trouvée à Cologne.

III

LAMPES

115 — Lampe à deux becs : scène de banquet à huit personnages.

116 — Lampe gréco-égyptienne : buste de Bacchus jeune.

117 — Autre : masque scénique de Silène.

118 — Lampe en forme de barque Un esclave nubien y est couché, le bras accoudé sur un panier rempli de couronnes de fleurs.

119 — Moule d'un dessus de lampe : Amour enfant, cueillant le raisin.

IV

TERRES CUITES

1. ITALIE

120 — Trois appliques d'ancien style, figurant le masque découpé d'un taureau à face hu-

maine. Couleurs de toute fraîcheur. — Trouvées à Capoue. Vente Piot.

121 — Grand masque de Méduse, de beau style.

122 — Petit autel orné de bas-reliefs — Tarente.

123-124 — Deux guerriers à cheval, galopant vers la gauche ; modèles pour l'ornementation d'un casque — Canosa.

125 — Jeune femme à la promenade — Grande-Grèce

126 — Femme nue (*Vénus*), diadémée ; le geste de ses bras indique qu'elle tenait un balsamaire et versait de l'onguent dans une coquille. — Tarente.

127 — Vénus au bain — Tarente

128 — *Joueuses d'osselets*, groupe trouvé à Capoue. Entre elles, un petit chien et une colombe perchée sur un melon.

2. GRÈCE

129 — Relief découpé, d'ancien style, représentant un jeune homme, coiffé du pétase, les épaules chargées d'un fardeau

130 — Cavalier grec d'ancien style.

131 — Grande figurine de femme d'ancien style, diadémée et tenant sur sa main dr. une colombe. Style des statues de femmes trouvées, en 1886, dans les fouilles de l'Acropole.

132 — Hoplite d'ancien style, agenouillé et liant les courroies de sa sandale

133 — Laboureur conduisant une charrue attelée de deux bœufs.

134 — Déesse coiffée d'un calathus et vêtue d'une longue tunique dorienne à plastron.

135 — Autre exemplaire.

136 — Déesse assise sur un trône; poupée articulée. — Tanagra

137 — Vénus drapée, debout sur une base ronde, et tenant un balsamaire et une coquille. — Tanagra.

138 — Jeune guerrier grec, agenouillé et liant sa sandale Il porte un casque à cimier, semé de points en relief; sa cuirasse est écaillée et ornée de masques de lion. La figurine rappelle les guerriers des coupes de Duris et des frontons d'Égine.

139 — Silène nu, couronné de corymbes dorés, et buvant dans une outre. Grand style du Ve siècle. — Tanagra.

140 — Groupe de trois petits Amours dansant — Érétrie d'Eubée.

141 — Jeune Tanagréenne assise sur un rocher et jouant avec des pommes.

142 — Éphèbe debout, les jambes croisées, le bras dr. appuyé sur un cippe et retenant un coq de combat.

143 — Amour éphèbe, coiffé de lierre en fleur, vêtu d'un manteau blanc et portant sur l'épaule une coupe, probablement chargée de grappes de raisin.

144 — Femme coiffée d'une grosse torsade rouge et vêtue d'un chiton jaune que recouvre un manteau bleu de ciel. — Tanagra.

145 — Amour et Psyché. — Crimée.

146 — Jeune homme accoudé à une colonnette. — — Tanagra.

147 — Tanagréenne debout, les bras cachés sous le manteau.

148 — Junon diadémée. — Tanagra.

149 — Femme drapée, le bras dr. sur la hanche, un éventail à la main g abaissée. Patine grise, la figurine ayant été exposée au feu du bûcher. — Tanagra.

150 — Grande figurine d'enfant, debout, le visage souriant, la chlamyde en écharpe. Sa main droite tient un rhyton.

151 — Amour adolescent, planant dans l'air. — Eretria.

152 — Femme debout, la main g. abaissée et retenant le manteau.

153 — Tanagréenne debout, un éventail à la main g., la tête encapuchonnée et coiffée d'un chapeau à pointe. — Très belle figurine, d'une conservation parfaite.

154 — Vénus anadyomène. — Tanagra.

155 — Femme tenant une pomme à sa main dr.

156 — Tanagréenne debout, drapée; tête d'une rare beauté; cheveux repris à l'ébauchoir.

157 — Chasse au sanglier.

158 — Femme drapée, debout, une couronne de fleurs à la main droite, le pied posé sur un vase sépulcral.

159 — Jeune fille coiffée de la tiare thrace ou asiatique, et assise sur un rocher. Sur sa main g. perche un oiseau doré qu'elle regarde ; sa main dr. tient une patère dorée.

160 — Vieillard dans l'attitude de la marche.

161 — Femme assise sur un rocher et jouant de la mandoline. — Tanagra.

162 — Jeune homme portant un coq de combat.

163 — Déesse voilée et diadémée, assise sur un trône. Sa main droite tient une patère ; près d'elle, une biche, un palmier et un Amour adolescent, tenant un balsamaire.

164 — Grande figurine de Muse, tenant une *cithare*.

165 — Jeune fille portant sur son dos une de ses camarades qui tient un tambourin à la main. — Tanagra.

166 — *Œdipe et Antigone.*

167 — Groupe représentant Jupiter couché et Junon assise sur un lit de repos. — Tanagra.

168 — Femme voilée, assise sur un siège. — Tanagra.

169 — Jeune fille agenouillée.

170 — Femme nue, debout devant une fontaine et arrosant ses cheveux.

171 — Vieillard (pédagogue) conduisant un petit garçon à l'école.

172 — *Groupe bachique.* — Bacchus enfant assis sur une chèvre. Derrière lui, Silène, portant des grappes de raisin dans le pan de sa draperie. Ce groupe est précédé d'un Pan qui conduit la chèvre par les cornes.

173 — *Agamemnon emmenant Briséis.*

174 — *Vieillard et jeune fille.* C'est le vieux pédagogue qui apporte à Électre la fausse nouvelle de la mort d'Oreste.

175 — Victoire couronnant une jeune fille assise qui écrit le nom d'un mort sur une amphore sépulcrale.

176 — Satyrisque tenant une grappe de raisin. — Eretria.

177 — Acteur comique, tenant un coq noir. — Tanagra.

178 — Fragment d'une figurine de Prométhée.

179 — Buste de déesse, remarquable par la profusion de bijoux qu'elle porte. — Beau style.

180 — Tête de femme; au revers, le nom du fabricant: ΓΑΙΟΥ.

181 — Grand masque grotesque.

182 — Masque grotesque de lutteur.

183 — Grand masque d'Hercule barbu.

184 — Tête de femme. — Tanagra.

185 — Tête de femme encapuchonnée. — Tanagra.

186 — Taureau de sacrifice.

187 — Moule d'un garde-joue de casque : hoplite grec combattant un Gaulois. — Athènes. — Vente Piot.

188 — Modèle d'un couvercle de boîte à miroir.

3. ASIE MINEURE

189 — Cybèle assise sur un trône, un tambourin au bras, un lionceau sur les genoux.

190 — Bacchus jeune, tenant le thyrse et une grappe de raisin. — Smyrne.

191 — Grotesque jouant de la flûte. — Smyrne.

192 — Vénus drapée et diadémée, avec traces de dorure. — Smyrne.

193 — Silène debout sous une treille; applique de vase.

194 — Bacchante drapée, pendant du n° précédent.

195 — Isityché, tenant une corne d'abondance et un gouvernail.

196 — Fillette vêtue d'un chiton court.

197 — Tyché (*Fortune*) de ville, debout près d'un cippe et tenant une corne d'abondance. — Smyrne.

198 — Isis assise, coiffée d'une couronne de feuilles et d'un grand diadème ajouré.

199 — Vénus anadyomène près d'un dauphin.

200 — Jeune fille drapée, allant vers la droite; figurine traitée en haut relief. — Smyrne.

201 — Amour à la chasse au lion. Au revers, le graffite : **CѠ**, initiales d'un nom d'artiste (*Sodamos*).

202 — Esclave agenouillé devant un Amour enfant et le chaussant de sandales. Même graffite au revers : **CѠ** (δάμου).

203 — Amour enfant tuant un faon. Au revers, le graffite **ΑΓΑ** (*Agasias?*).

204 — Amour enfant caressant un cerf.

205 — Amour enfant allant à g., précédé d'un petit chien.

206 — Enfant dans un char attelé de deux petits chiens.

207 — Amour enfant, posant sa main sur le dos d'un paon.

208 — Enfant debout près d'un cippe et donnant une grappe de raisin à manger à une oie.

209 — Amour enfant courant vers la droite pour soustraire une grappe de raisin à un coq blanc qui le poursuit.

210 — Vénus anadyomène, debout et tordant ses cheveux ; à sa gauche, un dauphin.

211 — Amour enfant, planant dans l'air. — Myrina.

212 — Femme drapée, assise, les jambes croisées. Au revers, un nom d'artiste : ΛΑΝΑΡΙϹ, en graffite. C'est le nom latin *Lanarius*. Traces de dorure. — Smyrne.

213 — Vénus assise sur un rocher. — Myrina.

214 — Éphèbe grec nu, en posture de combat ; figurine rappelant une statue du musée de

Naples, celle d'Harmodius, l'un des meurtriers du fils de Pisistrate. Les parties sexuelles sont remplacées par un bec de lampe. — Coll. du comte Tyszkiewicz.

215 — Adolescent couronné de feuilles, la tête voilée d'une chlamyde. Il plane dans les airs, le bras dr. tendu en avant, la main g. levée. Beau style. — Myrina.

216 — Grande figurine de jeune homme ailé, vêtu d'une chlamyde. — Beau style. — Myrina.

217 — Jeune fille ailée, planant dans l'air et tenant dans son bras g. une cithare. La figurine a conservé presque tout son coloris antique. — Myrina.

218 — *Banquet.* — Deux jeunes époux sont assis sur un lit de repos; l'homme joue de la cithare; la femme est coiffée d'une tiare asiatique et retient un petit Amour. Au chevet du lit, devant une table, un esclave debout, apportant une pâtisserie; du côté opposé, un autre esclave, endormi. — Myrina. Coll. Aless. Castellani.

219 — *Vénus de Myrina,* debout, diadémée, entièrement nue.

220 — Vieil esclave accroupi, ramassant une outre vide.

221 — Grande statuette d'éphèbe (acéphale). — Smyrne.

222 — Grande figurine de femme drapée et voilée. — Myrina.

223 — Vénus (acéphale) debout, la jambe g. fléchie et enveloppée d'une draperie. — Myrina.

224 — *Vénus accoudée à une statuette de Némésis.*

225 — Grande figurine de femme drapée, passant une bandelette autour de sa tête. Sa main dr. tenait le miroir. Au revers, un nom d'artiste, **ΜΗΝΟΦΙΛΟΥ** (ouvrage *de Menophilos*). — Myrina.

226 — *Toilette de Vénus.* — Entre une vasque et un tronc d'arbre, Vénus debout, parée d'un diadème et mettant le *kestos*; un petit Amour est placé à sa droite. Le tronc d'arbre sert de support à une boîte à miroir, ouverte.

227 — Grande statuette d'*Antinoüs.* — Smyrne.

228 — Grande statuette de *Bacchus adolescent*, trouvée avec le numéro précédent.

229 — Statuette de *Mercure*, la plus grande terre cuite complète qui ait été trouvée à Smyrne.

230 — Tête de Pan, de grandeur naturelle, en terre rouge, trouvée à Tralles.

231 — Bacchus adolescent, debout et vêtu d'une pardalide. — Smyrne.

232 — *Jongleur*, poupée articulée.

233 — Variante de la même figurine.

234 — Acteur comique.

235 — Caricature d'*Édipe et Antigone*. Au revers, un nom d'artiste : **NIKOCTPAT**[ου], (ouvrage *de Nicostrate*). — Myrina.

236 — Esculape. — Smyrne.

237 — Torse d'une figurine cuirassée. — Myrina.

238 — Buste de jeune fille. — Smyrne.

239 — Torse d'un Bacchus jeune. — Smyrne.

240 — Neuf fragments de figurines avec traces de dorure. — Smyrne.

241 — Sphinx femelle ; bas-relief de beau style, partiellement découpé. — Smyrne.

242 — Tête de taureau. — Myrina.

243 — Tête de lion, la gueule ouverte. — Applique trouvée à Smyrne.

244 — Tête d'éphèbe ; style des sculptures de Lysippe. — Smyrne.

245 — Tête d'Hercule, les yeux et la bouche forés. — Smyrne.

246 — Tête d'Hercule, couronnée de feuilles de peuplier. — Tarse.

247 — Tête de canéphore. — Smyrne.

248 — Tête d'éphèbe enduite d'émail rouge.

249 — Buste de Vénus.

250 — Buste de Bacchus jeune, modèle d'un vase à deux masques accolés.

251 — Tête d'Hercule barbu.

252 — Tête de Bacchus jeune, couronnée de lierre en fleur et de pampres.

253 — Tête de Satyrisque, parée de lierre.

254 — Tête coiffée d'un bonnet thrace ou asiatique.

255 — Tête de Neptune.

256 — Tête d'Isis.

257 — Tête d'une Fortune de ville.

258 — Tête de femme, avec traces de dorure.

259 — Tête de déesse, le diadème orné de fleurs.

260 — Tête de femme.

261 — Tête de Vénus.

262-263 — Deux petites têtes grotesques, l'une d'une vieille femme, l'autre d'un esclave.

264 — Fragment d'un masque de Bacchante, couronnée de lierre, les cheveux en tire-bouchons.

265 — Masque scénique, la bouche et les prunelles à jour.

266 — Mascaron d'un Satyre jeune, souriant.

267-269 — Masque grotesque, masque d'enfant et masque de femme.

270 — Tête de Neptune.

271 — Tête de Vénus.

272 — Tête de jeune homme.

273 — Tête de femme.

274 — Tête de Silène.

275 — Tête de Bacchante, couronnée de fleurs.

276 — Tête de Neptune.

277-278 — Deux petites têtes, l'une d'un Satyre adolescent, l'autre d'un Satyre enfant.

279 — Tête d'éphèbe.

280-281 — Deux têtes de Vénus.

282 — Tête d'enfant.

283-288 — Six petites têtes variées.

289 — Corne d'abondance.

290 — Tête de canéphore.

291 — Tête de Satyre jeune.

292 — Tête de Bacchus adolescent

293 — Masque de femme.

294 — Tête de Satyrisque.

295 — Buste de Vénus.

296 — Tête d'éphèbe.

297 — Masque de femme, légèrement grotesque.

298 — Masque tragique.

299 — Fragment de bas-relief: Diane debout devant un arbre et caressant une biche.

300 — Poinçon représentant un homme en costume servile, tenant une gaule ou un instrument de jardinage. — Myra de Lycie.

301 — Éphèbe embrassant une jeune femme ; fragment d'un *symplegma* de grandes dimensions. Moule.

4. CHYPRE

302 — Deux déesses, Cérès et Proserpine, assises sur un siège carré.

303 — Femme drapée, assise et tenant une boule et un ruban.

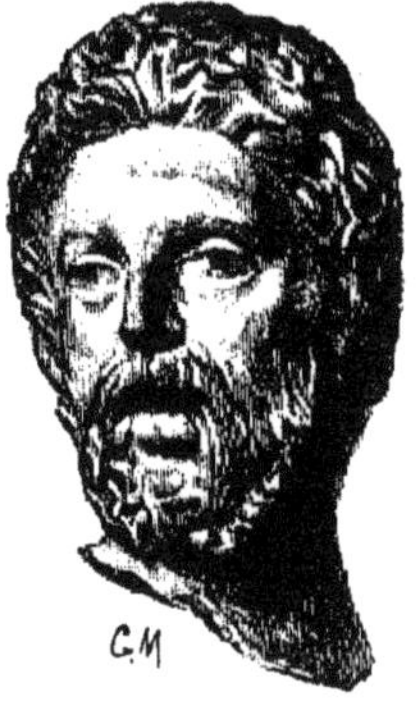

N° 304 (agrandi).

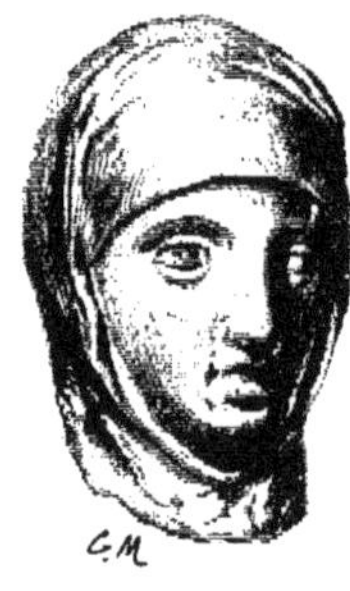

N° 305 (agrandi).

304 — Tête d'homme barbu, probablement un portrait grec.

305 — Tête de femme voilée.

306 — Femme drapée et encapuchonnée; applique.

307 — Déesse assise sur un trône.

308 — Silène vieux, la chlamyde nouée autour des reins; figurine coloriée de vermeil, de rouge et de bleu.

309 — Femme debout, la draperie et le col émaillés de blanc à reflets rose tendre. — Vente Piot.

310 — Jeune fille drapée. — Vente Piot.

311 — Déesse assise sur un trône.

312 — Prêtresse voilée.

313 — Très grande statuette de déesse assise sur un trône; trouvée dans les fouilles d'Arsinoé, l'ancienne *Marion*.

5. ÉGYPTE

Entre les figurines suivantes (nos 314-319) et les terres cuites de Smyrne et de Tanagra, il y a un trait de parenté très sensible. Ce sont les mêmes sujets et les mêmes modèles, mais interprétés par des artistes alexandrins. La plupart sont très supérieures aux terres cuites de la Grèce propre. On peut les attribuer au règne de Ptolémée II. Elles ont été trouvées dans la banlieue d'Alexandrie.

314 — Jeune fille nue, accroupie.

315 — Jeune fille nue, courant vers la droite.

316 — Figurine à mi-corps, représentant une jeune fille coiffée de feuilles et de fruits dorés et ayant pour parure un collier d'or et une armille en relief. — Coloration de toute fraîcheur.

317 — Jeune fille debout, coiffée d'un bonnet bleu, vêtue d'un chiton bleu et d'un manteau rose à doublure bleue.

318 — Grande figurine de femme drapée, coiffée d'un couronne de fleurs rouges et de baies dorées.

319 — Jeune fille, vêtue d'un chiton et d'un manteau bleus, coiffée de lierre en fleur et d'un strophium.

320 — Buste drapé de Jupiter.

321 — Déesse assise

322 — L'enfant Horus, assis sur un autel et tenant une urne. Un graffite copte est tracé au revers.

V

VERRERIE

323-327 — Cinq flacons à goulot droit, le corps côtelé.

328-333 — Six flacons.

334-337 — Quatre verres ayant la forme de l'urne romaine.

338-339 — Deux flacons à long col.

340 — Flacon à panse pomiforme.

341 — Flacon côtelé au moyen de dépressions.

342-343 — Deux verres côtelés ; forme de l'*olla* romaine.

344-345 — Deux très petites fioles.

346 — Petit verre à boire.

347 — Flacon piriforme.

348 — Belle coupe en verre blanc irisé.

349 — Grand calice en verre blanc.

350 — Aiguière en verre verdâtre.

351 — Beau canthare grec avec ses deux anses.

352 — Verre à boire; très belle irisation nacrée.

353 — Flacon à col très ouvert.

354 — Petite aiguière avec son anse.

355 — Verre en forme d'urne.

356 — Flacon à long col, la panse surbaissée.

357 — Verre à boire, équarri au moyen de quatre plissures longitudinales.

358 — Flacon piriforme, avec deux anses de suspension.

359 — Flacon piriforme; belle irisation à la base.

360 — Flacon cylindrique.

361 — Verre en forme d'urne, muni de deux anses.

362 — Petit flacon cylindrique.

363 — Amphorisque en pâte verte translucide, très épaisse.

364 — Flacon fusiforme.

365 — Petit flacon piriforme.

366 — Petit flacon, la panse étranglée et formant comme deux verres superposés.

367 — Très petit flacon, couvert d'irisation argentine.

368 — Autre, la panse plate et transformée en gourde.

369 — Flacon formé de trois tubes parallèles.

370 — Flacons jumeaux, les tubes très larges, munis de vingt oreillettes et flanquées de quatre anses surélevées qui forment un réseau très compliqué. Au sommet, une cinquième anse, dominant toutes les autres.

371 — Petite bouteille conique.

372 — Flacon à long col et à panse campaniforme.

373 — Belle aiguière en pâte vert de mer.

374 — Timbale en verre blanc translucide, tout couvert d'une superbe irisation métallique. — Trouvée en Judée

375 — Grand flacon pomiforme, à long col. — Judée.

376 — Grand flacon, la panse surbaissée, presque lenticulaire. — Judée.

377 — Flacon piriforme. — Judée.

378 — Flacon en forme de balustre, le pied campaniforme. Patine bleu lapis.

379 — Lécythe orné d'un fil agglutiné.

380 — Verre à réseau. Tube cylindrique posé sur un double bouton et suspendu à un réseau de verre très compliqué. Il a conservé sa spatule de bronze.

381 — Petite aiguière côtelée.

382-383 — Deux verres côtelés.

384 — Grande amphore les anses à double tige.

385 — Autre, plus petite, les anses chantournées.

386 — Flacons jumeaux, ornés d'un réseau.

387 — Flacon en forme de balustre, le chapiteau formé d'une résille.

388 — Petit vase en forme d'urne, à trois anses.

389 — Vase pomiforme, tout le corps cerclé d'un fil blanc ; entre l'épaule et l'orifice, un réseau.

390 — Flacon entouré d'un réseau et muni d'une anse de situle.

391 — Petite amphore munie d'une anse surélevée.

392 — Grand calice orné d'un fil agglutiné.

393 — Verre à boire, côtelé au moyen de douze plissures.

394 — Gourde lenticulaire à deux anses droites et coudées. Tout le corps est couvert de fines

cannelures inclinées et d'une superbe irisation nacrée.

395 — Flacons jumeaux en verre verdâtre, avec deux oreillettes et une grande anse en verre bleu. Une baguette en bronze est restée adhérente à l'un des tubes.

396 — Flacons jumeaux ; irisation nacrée.

397 — Flacons jumeaux.

398 — Variété, l'anse en triangle.

399 — Flacons jumeaux, l'anse très haute et formant un réseau à quatre étages.

400 — Flacons jumeaux, une des plus belles pièces de ce genre, toute irisée comme si elle était taillée dans une coquille de nacre.

401 — Verre à boire, en forme de tête de négrillon. Sur la nuque, le nom du fabricant, **ΤΡΥΦΩΝΟϹ** (ouvrage *de Tryphon*), en relief. — Pâte blanche translucide.

Voir les vignettes à la p. 42

402 — Verre à goulot mouluré, formant entonnoir et ayant trois anses cannelées.

403 — Flacons jumeaux entourés d'un gros fil qui fait huit tours de spirale et se termine en réseau.

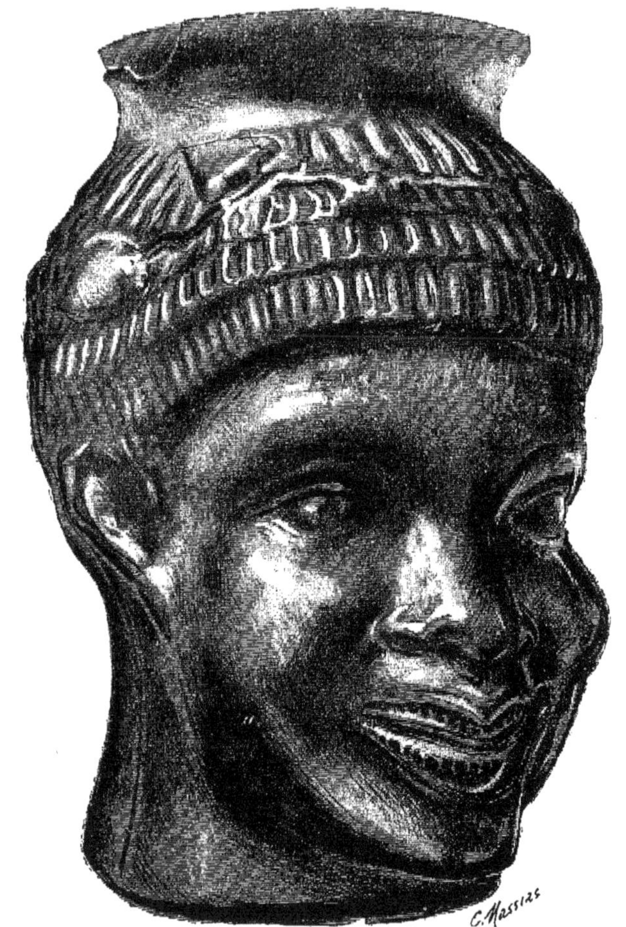

ΤΡΥΦΩΝΟϹ

N° 401.

404 — Gobelet en forme de calice, monté sur un piédouche mouluré. Irisation nacrée

405 — Petit flacon pomiforme à deux anses.

406 — Flacon fusiforme. — Chypre.

407 — Situle en verre verdâtre, avec son anse en verre améthyste.

408 — Vase pomiforme couronné d'une torsade à jour.

409 — Biberon en forme de lécythe.

410 — Flacons jumeaux.

411 — Flacon piriforme en verre jaune; patine dorée.

412 — Amphorisque en verre blanc muni de deux anses vertes, et orné d'un cercle vert et d'une ligne de zigzags verts.

413 — Petite bouteille en verre jaune, l'embouchure cerclée d'un fil vert de mer.

414 — Timbale avec son couvercle peint en émail. La peinture représente un Amour nu et ailé, tenant à chaque main une grappe de raisin. — Chypre.

Voir la vignette à la p. 44.

415 — Verre en pâte verdâtre, muni de quatre anses bleues et reposant sur un anneau bleu

416 — Flacon orné d'un cercle et d'un rang de zigzags en relief.

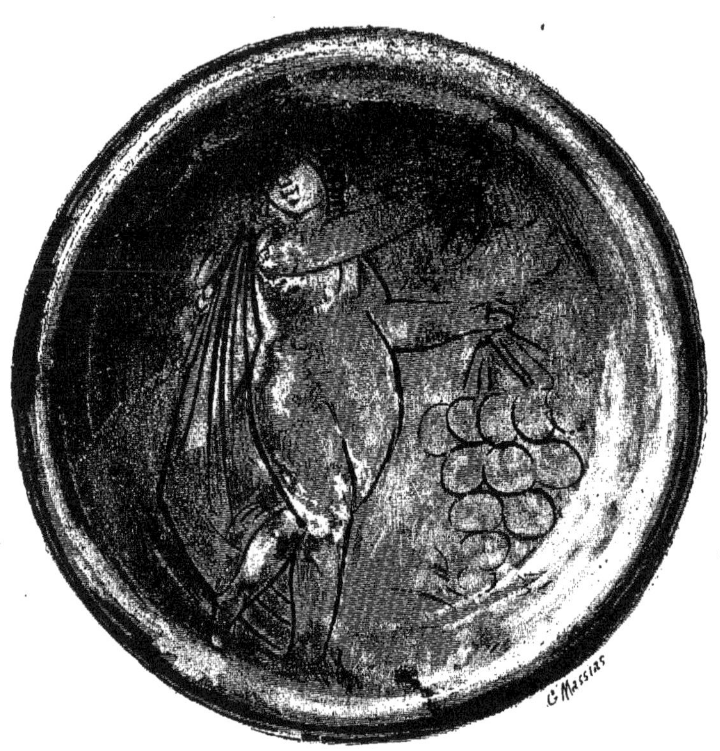

N° 414.

417 — Biberon d'une foıme très originale, ressemblant à une cuvette de lampe.

418 — Petite amphore en forme d'urne, toute cerclée d'un fil agglutiné.

419 — Bouteille à large col.

420 — Petite coupe en verre blanc translucide, ornée de fils et d'un bouton en verre blanc opaque.

421 — Joli petit verre à boire, à base pointue. Pâte verdâtre, ornée de cercles et de guirlandes incrustés en blanc opaque. Au bas de la panse, six piquants en blanc opaque.

422 — Même forme; décor semblable.

423 — Aiguière en verre moulé, la panse couverte de points creux.

424 — Aiguière hexagonale, moulée. Sur chaque pan, un décor en relief: palmes, losanges ponctués au centre, quadrillages.

425 — Flacon en forme de pomme de coing, semé de petites protubérances qui ressemblent à des grains de raisin. Irisation mordorée.

426 — Petite amphore allongée, ornée de cannelures torses.

427 — Belle coupe en verre jaune d'ambre, incrustée de fils d'un blanc laiteux et munie de dix-neuf côtes en verre jaune et blanc. — Trouvée dans le Piémont.

428 — Superbe coupe côtelée en verre bleu translucide, marbré de blanc opaque.

429 — Petite amphore en verre bleu transparent, avec deux anses cannelées en blanc opaque. — Syrie.

430 — Aryballe en verre bleu lapis, incrusté de pâtes opaques multicolores.

431 — Grande aiguière d'ancien style, en verre bleu incrusté de pâtes opaques. Conservation admirable.

432 — Balsamaire cylindrique, d'ancien style. Verre verdâtre transparent, incrusté de zigzags blancs et bleu turquoise. Très belle conservation.

433 — Petite aiguière en verre bleu. Goulot tréflé, corps en forme de toupie, incrusté de blanc et de jaune. Couleurs de toute fraîcheur.

434 — Très petite gourde en verre bleu turquoise, incrustée de guirlandes en pâtes opaques.

435 — Aryballe en verre bleu lapis; corps pomiforme; cercles et zigzags incrustés en jaune et en bleu turquoise.

436 — Balsamaire en verre bleu incrusté de fils jaunes et blancs qui forment des imbrications et des chevrons. Belle conservation.

437 — Grand flacon en verre simulant le sardonyx oriental; pièce exceptionnelle, aussi bien par sa beauté que par sa dimension. — Grande-Grèce.

438 — Bouteille en verre verdâtre, couverte de dessins peints en émail blanc.

439 — Pyxis avec son couvercle. Pâte verte, incrustée de bleu lapis et de larges bandes d'or ourlées de rouge et de blanc — Grande-Grèce.

440 — Flacon conique, orné de moulures Verre bleu, incrusté de rubans d'or et de rubans verts. — Grande-Grèce.

441 — Balsamaire fusiforme en verre bleu incrusté de rubans d'or ourlés de blanc, et de rubans en bleu turquoise. Un tube en verre blanc poli, mobile et muni d'un large rebord plat, s'insère dans l'orifice du vase. Ce balsamaire a sa spatule antique en bronze. — Grande-Grèce.

Voir la vignette à la p. 48.

442 — Verre à boire, en pâte améthyste. Il a pour décor trois frises en relief : au milieu, l'inscription : **ΛΑΒΕ ΤΗΝ** (palme) **ΝΕΙΚΗΝ** (*sois victorieux*) ; dans le haut, six couronnes, et autant dans le bas.

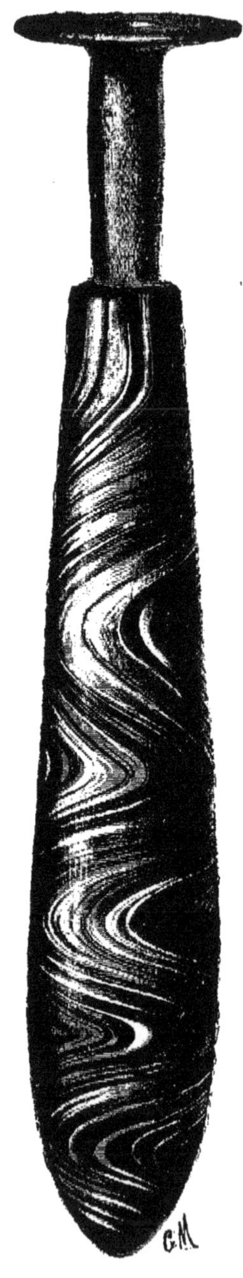

No 441

443 — Verre jaune, pomiforme, à goulot mouluré. — Judée.

444 — Verre côtelé, blanc, avec une teinte améthyste. — Judée.

445 — Lécythe à huit pans, en verre jaune d'ambre.

446 — Amphorisque en verre jaune.

447 — Verre jaune en forme d'urne, orné de cercles gravés.

448 — Flacon allongé, à base pointue, en verre bleu lapis.

449 — Fuseau en verre bleu.

450 — Très petit flacon à onguent, en verre bleu.

451 — Barillet à douze cercles, provenant des fouilles de Vermand (Aisne). Sur le culot, un nom de verrier : **FRONTI**(*ni*), en relief.

452 — Flacon octogone en verre jaune d'ambre, de fabrication juive. Décor : quatre palmiers alternant avec autant de losanges moulurés

453 — Petite aiguière à panse hexagonale. Décor analogue à celui du numéro précédent.

454 — Gourde en verre jaune, avec deux anses blanches chantournées.

455 — Petite aiguière, le bas de la panse incrusté de vert émeraude.

456 — Petit canthare. Anses en pâte verte; au bas de la panse, une frise de chevrons verts.

457 — Très belle aiguière en verre bleu, munie d'une anse en verre blanc verdâtre.

458 — Petit flacon à onguent, en forme de datte sèche. Verre jaune d'ambre.

459 — Petite aiguière à goulot trilobé, l'anse en pâte émeraude.

460 — Petit flacon en verre bleu lapis. — Syrie.

461 — Beau flacon cannelé en verre améthyste. — Syrie.

462 — Flacon minuscule en verre bleu turquoise. — Syrie.

463 — Autre, en forme de bulbe; pâte jaune incrustée de marbrures. — Syrie.

464 — Amphorisque moulé en verre bleu. — Syrie.

465 — Très belle coupe côtelée en verre jaune d'ambre. — Chypre.

466 — Flacon en verre jaune, le corps semé de mamelons qui lui donnent l'aspect d'une grappe de raisin.

467 — Aiguière à goulot tréflé, la panse enjolivée d'un rang de chevrons et d'un cercle en pâte vert émeraude.

468 — Aiguière à goulot tréflé; anse et collerette en verre bleu lapis.

469 — Flacon en forme de balustre, couronné d'un réseau; irisation vert et or.

470 — Verre en forme d'urne, anses et décor en verre bleuâtre.

471 — Flacon à long col, cerclé d'un fil en verre bleu lapis.

472 — Petit flacon muni de quatre anses bleues et de deux colliers bleus.

473 — Flacon pomiforme à large col. Sur la panse, un cercle et un rang de chevrons en pâte vert émeraude; autour du goulot, un fil vert.

474 — Petite aiguière côtelée.

475 — Flacon piriforme; sur l'épaule, un anneau en relief.

476 — Grand flacon, le col cerclé d'un fil vert.

477 — Autre, plus grand, cerclé d'un fil en rouge opaque.

478 — Flacons jumeaux, l'anse et les oreillettes en verre bleu tendre; autour de la panse, un ruban bleu, faisant cinq tours. Le verre a conservé sa spatule en bronze.

479 — Grand verre à boire, de forme conique, la panse ornée de trois groupes de guttules bleues.

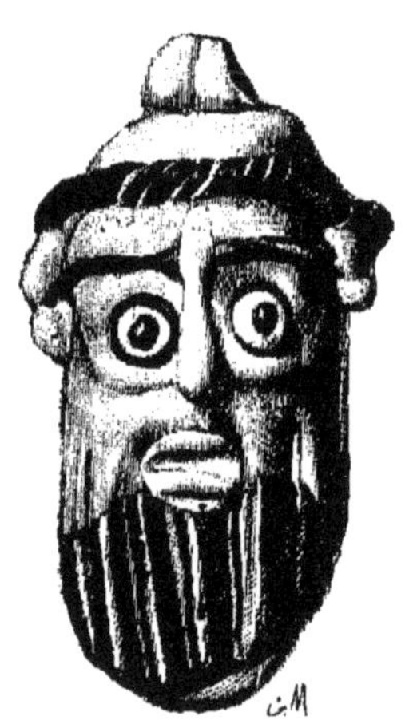

N° 482.

480 — Petit verre à boire, en pâte verte. Au milieu de la panse, un rang de six guttules bleues.

481 — Amphorisque. Sur la panse, un rang de six guttules vertes; anses et collier également en pâte verte.

482 — Masque du dieu Melqart de Tyr ; pâte verte opaque, incrustée de jaune, de blanc et de bleu turquoise.

Voir la vignette à la p. 52.

483 — Masque du dieu Melqart de Tyr ; pâte bleue incrustée de jaune et de blanc.

484 — Sphinx femelle assis dans un édicule.

485 — Verre mosaïque : masque à coiffure élevée (vermeil, noir, blanc, rouge et jaune sur fond bleu).

486 — Deux fragments de verre multicolore à *giardinetto*, une perle de verre mosaïque représentant trois masques, et un bouton en verre bleu, doublé de blanc opaque. Sur ce dernier est gravée en creux une feuille de vigne qui était incrustée d'or.

487 — Quadrilatère en verre bleu doublé de blanc : sphinx grec, assis à g., les ailes recroquevillées.

488 — Beau fragment de verre multicolore, à *giardinetto.*

489 — Battant de clochette en verre verdâtre.

490 — Balle en verre blanc translucide, cerclée d'un fil en verre blanc opaque.

491 — Masque de femme accosté de deux palmettes. — Pâte bleu turquoise.

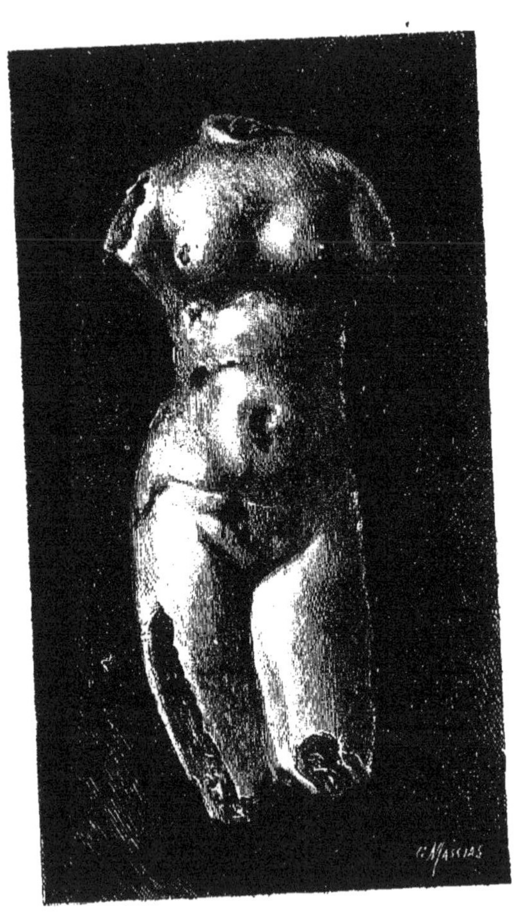

N° 492.

492 — Torse de Vénus en verre blanc translucide, reproduction antique d'un bronze de l'époque ptolémaïque. — Égypte.

Voir la vignette à la p. 54.

493 — Grande spatule en verre bleu.

494-495 — Deux autres, cordelées, en verre blanc.

496 — Petite tête de bélier en verre multicolore.

497-499 — Dix-sept petits bracelets en verre bleu, brun et blanc.

500 — Scorie de verre bleu, trouvée à Sour, l'ancienne *Tyrus*.

VI

BRONZES

ETRUSQUES, GRECS ET ROMAINS

1. Vases et ustensiles.

501 — Gobelet falisque ayant pour décor une frise de rubans entrelacés, de style très ancien. — Trouvé à Corchiano.

Voir la vignette à la p. 56.

5o2 — Gobelet falisque à patine bleu turquoise (Corchiano).

5o3 — Vase étrusque (*scyphus*), l'anse amortie par un masque de Silène d'ancien style.

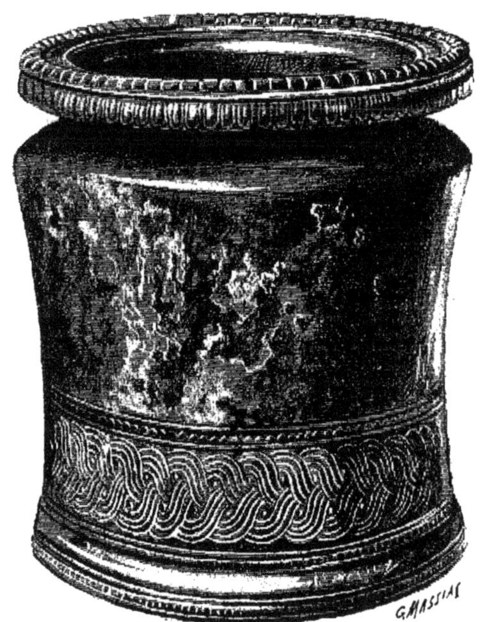

N° 501.

5o4 — Flacon étrusque figurant une tête de Vénus diadémée. — Beau style et belle patine verte.

5o5 — Ciste latine, montée sur trois griffes, trouvée à Palestrina. Coll. Castellani.

506 — Anse de ciste, figurant une jeune fille nue, faisant la culbute. — Beau style étrusque.

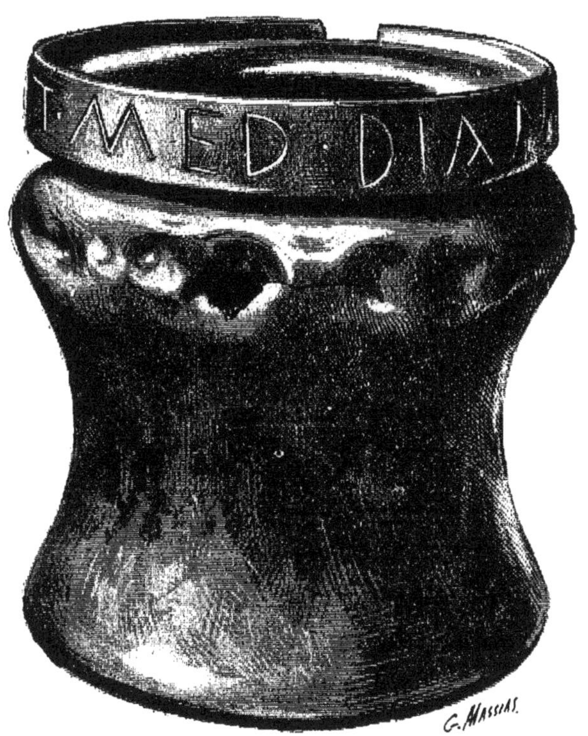

N° 507.

507 — *Gobelet trouvé dans les fouilles du sanctuaire de Diane au lac de Nemi.* Autour de l'orifice, une inscription latine archaïque. — Patine verte luisante.

Voir la vignette.

508 — Très belle aiguière à anse surélevée; patine bleu turquoise. — Trouvée à Cività Castellana.

509 — Grand vase grec, d'ancien style. Sur le rebord de l'orifice, une légende grecque, en dialecte dorien, **IERA DAMATRI** (*consacrée à Déméter*). — VIe siècle avant notre ère. — Trouvé probablement dans les fouilles d'Olympie.

510 — Hydrie grecque à trois anses, trouvée à Corinthe.

511 — Petite amphore piriforme, chaque anse formée par deux dauphins mordant dans un pétoncle. — Corinthe.

512-513 — Deux canthares. — Corinthe.

514 — Canthare de même forme et de même provenance.

515 — Coupe à deux anses semblables. — Corinthe.

516 — Aryballe à patine verte luisante.

517 — Manche de patère, cannelé; au bout, un masque d'enfant de beau style grec. — Ventes His de la Salle et Eugène Piot.

518 — Manche de patère, cannelé, amorti par une protome de panthère couchée et couronnée de lierre. — Beau style.

519 — Grande situle, façonnée en buste d'*Antinoüs*. — Trouvée en Égypte.

520 — Vase de toilette figurant une tête de lutteur syrien. — Art alexandrin; très belle conservation.

521 — Miroir grec avec sa boîte. Sur le couvercle, un groupe en haut relief: Bacchus ivre s'appuyant sur un Silène. — Corinthe.

522 — Couvercle d'une boîte à miroir : tête de Vénus, de beau style grec. — Corinthe.

523 — Couvercle de boîte à miroir : Éphèbe grec combattant un barbare, probablement un Gaulois. — Corinthe.

524 — Porte-lampes grec, en forme de cep de vigne, d'Arsinoé de Chypre.

525 — Lampe figurant une tête de nègre.

526 — Hercule et Télèphe, décor ajouré d'une lampe de grandes dimensions. — Trouvé en Sardaigne.

527 — Balance romaine complète, avec son peson, ses crochets de suspension et ses chaînettes. Inscriptions latines : *T*(iberio) *Clau*(dio) *Ca*(e)*s*(are) IIII, *L*(ucio) *Vitel*(lio) *co*(n)-*s*(ulibus), *p*(ondus) *Articuleia*(num) *iussu aedil*(ium). (An 47 de notre ère. — Trouvée en Campanie.

528 — Buste de Bacchante, tenant un éventail en forme de feuille; peson de balance.

529 — Peson de balance. — Grand buste de Bacchante couronnée de lierre. Beau style, incrustations d'argent.

530 — Tête de négrillon, de beau style; peson de balance.

531 — Petite tête de Jupiter Ammon; peson de balance.

532 — Tête de lion, la gueule béante, les yeux en argent. — Collection His de la Salle.

533 — Dauphin, tenant dans sa gueule une tête de *pistrix*. — Smyrne.

534 — Belle tête de panthère bachique.

535 — Bague romaine munie d'une clef.

2. Figurines.

536 — Apollon de très ancien style, trouvé à Thèbes.

537 — *Bronze grec archaïque, trouvé à Sorrente:* homme barbu, coiffé d'un chapeau, et portant un parazonium sous le bras g.

538 — Taureau votif portant au revers la légende: HIAPO⤈ KABIPO, *consacré au Cabire.*

539 — Autre, de même provenance. Sur son flanc droit, les lettres **HI**, abréviation de ἱαρός, *consacré.*

540 — Bélier debout, bronze grec de beau style.

541 — Panthère femelle, trouvée à Rome.

542 — Hercule jeune, coiffé de la peau de lion et tenant à sa main g. les pommes cueillies sur l'arbre des Hespérides.

543 — Bacchus jeune appuyé sur un jeune Satyre.

544 — Vénus nue, debout sur une base et se regardant dans un miroir. Époque hellénistique. — Trouvée en Grèce.

545 — Isis grecque, coiffée du klaft, de la dépouille de vautour, d'une couronne d'uræus et du diadème de plumes; à sa main gauche, une situle.

546 — Mercure grec de beau style.

547 — Figurine de Pan, debout, une peau de daim sur le dos, la syrinx à la main dr. avancée, le pedum au bras gauche. — Très beau bronze grec, les yeux incrustés d'argent.

548 — Néron jeune en Mercure tenant une bourse. Les yeux sont incrustés d'argent, les mamelles sont en cuivre rouge. — Trouvé à Santenay-le-Haut (Saône-et-Loire).

549 — Vénus déliant sa sandale. — Syrie.

550 — Victoire assise sur un globe.

551 — *Hercule enfant,* les yeux et les lèvres incrustés d'argent. Décor de candélabre, trouvé en Égypte.

552 — Mercure debout, tenant une bourse. — Beau style grec et belle patine verte.

553 — Déesse panthée.

554 — Grande figurine d'Harpocrate - Panthée, accoudé à un tronc d'arbre. — Ancienne collection *Louis Fould.*

555 — Apollon (citharède) assis, de beau style grec. Collection His de la Salle.

556 — Mercure tenant une bourse.

557 — Pygmée combattant les grues.

558 — Esclave alexandrin, bossu.

559 — Petit Amour dansant.

560 — Jeune homme nu, assis à terre.

561 — Amour enfant courant vers la gauche, les bras tendus en avant.

562 — Esclave alexandrin dans la cangue.

563 — Esclave nu, une peau de chevreuil sur la poitrine.

564 — Pâtre grec, vêtu d'une tunique courte et d'une peau de bête, et portant à sa main g. l'arrière-train d'un chevreau. Superbe figurine de l'ancienne collection His de la Salle.

565 — Grande statuette de Bacchus adolescent, trouvée, vers 1880, à Rome, via del Babuino. — Hauteur 0,71.

566 — Tête de Mercure en demi-grandeur nature.

567 — Petit buste de Minerve coiffée d'un casque corinthien.

568 — Mascaron de femme diadémée.

569 — Main droite d'enfant, consacrée par Λουκιανή, *Lucienne.* — Asie mineure.

570 — Autre, plus petite, avec une inscription grecque commençant par θεῷ ὑψίστῳ *(au dieu très haut)* et finissant par ἀνέθηκεν *(a consacré)*.

571 — Proue de navire.

572 — Grande statuette de Vénus orientale.

VII

PLOMBS

573 — Quinze balles de fronde grecques, portant des inscriptions en relief.

VIII

GLYPTIQUE

574 — Amulette égyptienne en prime d'émeraude; un fragment du chapitre LXIV du Livre des morts est gravé au revers.

575 — Scarabée égyptien en lapis lazuli. Sujet: le dieu Thoth, tenant le signe de l'année et le signe des milliers d'années.

576 — Scarabée de Sardaigne en pierre verte. Hercule brandissant la massue.

577 — Beau cylindre babylonien en chalcédoine.

578 — Sceau phénicien en diorite.

579 — Sceau phénicien en basalte.

580 — Très belle bague égyptienne en basalte vert. Sujet: l'épervier d'Horus sur le signe de l'or.

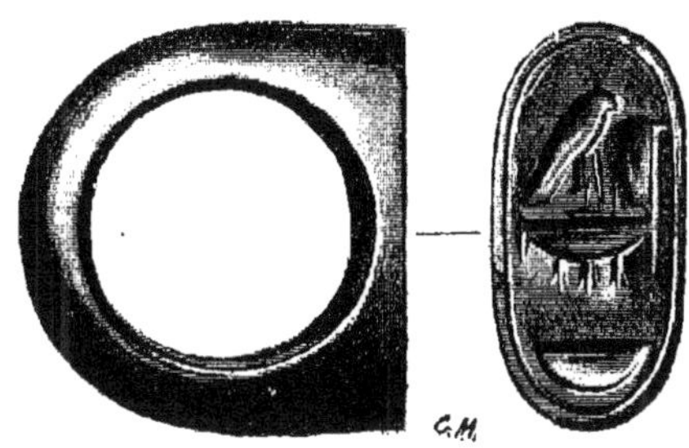

N° 580.

581 — Grand camée ovale dans sa monture antique en or. — Sardonyx à deux couches, représentant une Victoire qui tient une palme et conduit un bige au galop. — Très beau travail de l'époque impériale. — Constantinople.

582 — Intaille en sardoine orientale. Sujet: tête d'Hercule jeune, une peau de lion autour des épaules.

583 — Intaille en sardoine brune. Sujet: masque de Bacchus barbu.

584 — Grande sardoine: Silène courant à g., le canthare à la main.

585 — Sardoine ovale : guerrier accroupi.

586 — Sardonyx à trois couches : figurine couchée sur un lit de repos.

587 — Cornaline : coquille et astre. **ΚΤΗΤΟΥ** (nom du propriétaire).

588 — Cornaline : deux aigles légionnaires.

589 — Jaspe rouge : buste imberbe drapé.

590 — Pâte de verre (blanc et jaune) : légende orientale.

591 — Tête de femme de beau style grec. Sardoine montée dans une bague d'or moderne.

592 — Saphir en table, monté en bague d'or.

593 — Abraxas en jaspe noir. Au revers, une inscription grecque métrique.

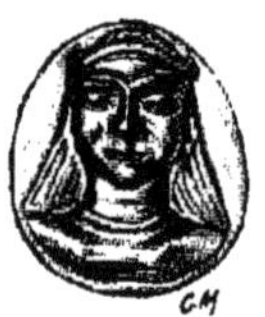

N° 594.

594 — Camée français du XIIIe siècle : buste d'une femme drapée et voilée, probablement le portrait d'une reine de France. — Sardonyx.

595 — Camée français du commencement du XVIe siècle : Buste de jeune homme, coiffé de la toque et paré d'un collier d'ordre. — Agatonyx.

596 — Une vingtaine de breloques en pierres dures.

IX

OR ET ARGENT

597 — Feuille de laurier en or estampé.

598 — Bractée en or, figurant une tête de femme diadémée.

599 — Petit oiseau ; pendeloque d'or.

600 — Boucle d'oreille en or, avec trois baies en argent.

601 — Bractée chrétienne en or (antique), représentant les bustes affrontés des saints Pierre et Paul. — Rome.

602 — Petit buste de lutteur arabe, trouvé à Sainte-Colombe. — Argent.

603 — Petite balance avec son fléau, ses chaînettes, ses crochets et son peson. — Argent.

604 — Bague romaine en argent, sertie d'un sardonyx. Sujet : lion courant à g.

605 — Boucle de ceinturon, de travail wisigoth. — Cuivre doré.

606 — Fibule de manteau, en cuivre émaillé. — Époque franque.

607 — Boucle de ceinture en cuivre doré. — Même époque.

608 — Croix pastorale, en or champlevé et en émail, le chef-d'œuvre de la fabrique d'orfévrerie des Castellani.

X

FRESQUES

et enduits de mur, trouvés à Rome, dans les fouilles de la Farnesina.

609 — Buste de femme, de face.

610 — Même sujet.

611 — Perroquet perché sur un rinceau.

612 — Même sujet.

613 — Torse de femme drapée.

614 — Cep de vigne.

615 — Motifs d'architecture variés, et un beau fragment d'enduit de mur, rouge Pompéi. — 9 pièces.

XI

MARBRES

616 — Petit terme représentant le buste casqué et cuirassé d'un roi grec imberbe. — Marbre jaune.

617 — Tête de Satyre jeune, trouvée à Smyrne. — Musée Pourtalès.

618 — Vénus *epitragia*, assise sur un bouc.

619 — Petit buste nu d'un jeune Romain du IIIe siècle.

620 — Enfant assis sur un rocher et tenant une rame et un dauphin. — Crète.

621 — Tête de Neptune.

622 — Buste, en relief, d'un personnage romain, sculpté sur un disque. Trouvé à Rome.

623 — Torse de Vénus en marbre de Paros.

624 — Groupe de Mithras.

625 — Tête d'éphèbe grec, plus grande que nature.

626 — Inscription métrique trouvée à Alexandrie.

627 — Stèle funéraire grecque d'Alexandrie.

628 — Deux pieds chaussés de sandales.

629 — Haut-relief palmyrénien.

630-635 — Six inscriptions chrétiennes, grecques et coptes.

XII

SUPPLÉMENT

TERRE CUITE

636 — Tête de chèvre.

VERRERIE

637 — Grande aiguière piriforme.

638 — Verre en pâte jaune d'ambre.

639 — Flacon côtelé en verre améthyste. — Syrie.

640 — Flacon piriforme.

641 — Autre, à irisation nacrée.

642-643 — Petit lécythe, muni de son anse.

PHOTOGRAPHIE

644 — La *Vénus de Milo*, par Braun, dans un cadre noir et or.

MEUBLES ET VITRINES

645 — Cabinet en forme de médaillier, en chêne plaqué de poirier, acheté à la vente Piot. Il a 13 tiroirs, plus ou moins profonds, dont quelques-uns sont divisés en compartiments. M Piot y plaçait ses médailles de la Renaissance et sa verrerie antique — H 1,34. L 0,82. Profondeur 0,51.

646 — Grande et belle vitrine en glace avec monture en fer, fabriquée par Sage à Londres. Elle est garnie de trois planches en verre, et le fond est formé par une grande glace étamée. Vente van Branteghem. — H 2,30. Larg. 1,36. P 0,60.

647-648 — Deux vitrines faisant pendant; même fabrique. Soubassement à colonnettes, deux planches en verre, tentures en beau velours grenat. Vente van Branteghem. — H 2,14. Larg. 1,00. P 0,53.

649-650 — Deux vitrines tout en glace, faisant pendant, chacune à six étages. Même fabrique. — H 2,00. Larg. 0,92 P 0,31.

651-653 — Trois grandes vitrines en bois noir, avec supports en colonnettes. Porte à deux battants, deux planches en glace; le fond et deux gradins couverts de peluche rouge. Vente Albert Barre. — H 2,00 Larg. 1,33. P 0,41.

654 — Vitrine semblable, moins large, mais de même hauteur, avec une seule planche en glace. Vente Albert Barre. — H 2,00. Larg. 0,90. P 0,41.

655 — Grande cage vitrée, le soubassement tendu de peluche rouge. — H 0,89. Larg. et P 0,57. H du soubassement 0,91.

656-660 — Cinq cages vitrées, les unes en glace, les autres à fond de glace étamée ou à fond de peluche rouge. — H 0,54. 0,52. 0,50. 0,46. 0,42.

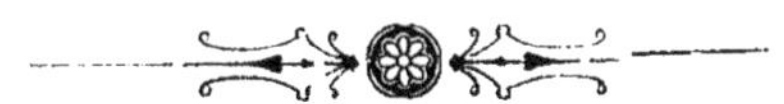

IMPR. ALSACIENNE ANC[t] G. FISCHBACH, STRASBOURG. — 1969

www.ingramcontent.com/pod-product-compliance
Ingram Content Group UK Ltd.
Pitfield, Milton Keynes, MK11 3LW, UK
UKHW020937180726
13838UKWH00002B/992